孩子越聊越出色

知 书/编

365个
睡前亲子话题

民主与建设出版社
·北京·

©民主与建设出版社，2024

图书在版编目（CIP）数据

孩子越聊越出色：365个睡前亲子话题 / 知书编.
北京：民主与建设出版社, 2025. 1. -- ISBN 978-7
-5139-4825-8

Ⅰ. G78

中国国家版本馆CIP数据核字第2024N3Z169号

孩子越聊越出色：365个睡前亲子话题
HAIZI YUE LIAO YUE CHUSE 365 GE SHUIQIAN QINZI HUATI

编　　者	知　书
责任编辑	彭　现
特约策划	罗　双　向春婷　任程民
封面设计	海　凝
出版发行	民主与建设出版社有限责任公司
电　　话	（010）59417749　59419778
社　　址	北京市朝阳区宏泰东街远洋万和南区伍号公馆4层
邮　　编	100102
印　　刷	三河市同力彩印有限公司
版　　次	2025年1月第1版
印　　次	2025年1月第1次印刷
开　　本	880毫米×1230毫米　1/32
印　　张	7.75
字　　数	177千字
书　　号	ISBN 978-7-5139-4825-8
定　　价	49.80元

注：如有印、装质量问题，请与出版社联系。

前　言

　　孩子的成长是一个漫长而又充满变化的过程，漫长是因为其横跨十几年，变化是因为每个阶段都有其特殊的发育特征。学龄前阶段是成长中的重中之重，这是因为学龄前儿童正处于发育的关键阶段。如果能够抓住这一特殊阶段多与孩子聊天，父母就能够更客观地看待孩子，减少主观上的偏见，发现孩子真实的想法，找到与孩子相处的最佳方式。除此之外，经常的深度沟通还能够完善孩子的认知、培养孩子的品格、启发孩子的智慧、提升孩子的情商。

　　然而，快节奏的生活总是让家长们忙于应付琐事，忽略与孩子进行深度交流。久而久之，孩子便不愿意再与父母沟通，觉得父母无法理解自己，父母则会觉得孩子不够懂事，甚至难以交流。

　　因此，我们特地为父母和孩子准备了这本书，希望父母可以将孩子睡前的这一小段时间利用起来。因为人在睡前的情绪往往较平时更为舒缓。在这样的状态下，彼此的沟通会更加平和、有效、深入。通过睡前闲聊，父母和孩子可以倾听彼此的心声，为彼此搭建一座沟通的桥梁。

　　我们根据学龄前儿童的心理成熟程度与对事物的认知程度，精心准备了 24 个类别的 365 个话题，涵盖了孩子成长中的方方面面，有目标与规划，有读书与学习，还有家人与家庭、兴趣与爱好、锻炼逻辑思维，等等。我们力求内容全面而有趣味，希望可以让孩子喜欢上与父母进行深度沟通，也使得父母可以慢慢探索，并建立与孩子进行有效沟通的方式。

在使用本书的过程中，父母可以每天和孩子聊一个话题，365天后，就可以聊完一本书。聊天的过程就是一次教育的过程，每一次睡前沟通都将成为一次彼此心灵与智慧的触碰，促使孩子学会倾听、表达，变得自信、乐观、勇敢、善良。也许，在沟通的过程中，孩子也会带给父母更多关于成长的思考。

睡前与孩子闲聊，其实是一个让父母了解孩子的过程。希望每一对父母都能在与孩子的睡前闲聊中发现孩子的闪光点，从而理解孩子、包容孩子、启发孩子。

成长是一列没有返程票的列车，每一段路程都是一趟独一无二的旅行，希望所有的父母，都能够好好珍惜与孩子相处的每一天。

愿本书成为一抹温馨的暖光，将爱与智慧照进孩子的心房。晚安，好梦。

目 录

1 目标与规划

第 1 天   今日心情 ☺ ☺ ☺ ☺ ☹

长大后，你想成为什么样的人？

你想从事什么职业？

你想卖什么东西？

你喜欢做什么？

第 2 天   今日心情 ☺ ☺ ☺ ☺ ☹

想要实现一个期待已久的愿望，你会怎么做？

为实现愿望放弃一些东西。

从现在就开始努力。

为实现愿望做计划。

上学前，让你整理书包，你会带什么？

越聊越开心

喝水的杯子。

笔和本子。

零食和水果。

第 4 天　　　今日心情 😆 🙂 🙂 😐 🙁

如果让你照顾家里的植物，你会怎么做？

越聊越开心·

需不需要定期给它浇水？

需不需要让它晒太阳？

每天记录并关注它的生长状况。

第 5 天　　　今日心情 😆 🙂 🙂 😐 🙁

为好朋友提前制作一个生日礼物吧。

越聊越开心·

先画出礼物的样子。

找到需要的材料和工具。

将礼物设计成好朋友喜欢的颜色。

你可以通过什么方法来存够一百块钱?

 越聊越开心·

给家里打扫卫生来赚钱。

将长辈给的零花钱存起来。

通过卖东西来赚钱。

第 7 天　　　今日心情 😀 😊 🙂 😐 ☹️

给自己的一天定一个作息表吧。

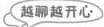

定好起床和睡觉的时间。

控制好娱乐的时间。

要是完不成计划的话要怎么办？

第 8 天　　　今日心情 😀 😊 🙂 😐 ☹️

想要长高的话，可以怎么做？

按时吃饭，不挑食。

多锻炼身体。

多喝牛奶，多睡觉。

第 9 天

今日心情 😀 😊 ☺ 😐 😟

想要保护视力的话，可以怎么做？

减少看电子产品的时间。

不用脏手频繁地揉眼睛。

读书写字时与书本保持一定的距离。

第 10 天

今日心情 😀 😊 ☺ 😐 😟

想要保护牙齿的话，可以怎么做？

每天都要按时刷牙。

少吃糖果和零食。

定期去医院做口腔检查。

第 11 天   今日心情 😀 😊 🙂 😐 ☹

如果让你给家里人分蛋糕，你会怎么分？

是不是要先确定吃蛋糕的人数？

每块蛋糕的大小是否一致？

第一块蛋糕会给谁？

第 12 天   今日心情 😀 😊 🙂 😐 ☹

如果明天要早起，你会做什么？

定一个闹钟。

睡前提醒自己。

让爸爸妈妈督促自己。

第 13 天　　　　今日心情 ☺ ☺ ☺ ☺ ☹

旅行前，你会做哪些准备？

越聊越开心·

挑选喜欢的衣服并将衣服装进行李箱。

和自己喜欢的玩具说再见。

出发前一晚要早点休息。

第 14 天　　　　今日心情 ☺ ☺ ☺ ☺ ☹

学校开运动会时，为了在喜欢的项目上夺冠，你会做什么？

越聊越开心·

提前几天，每天都训练一段时间。

照顾好身体，不让自己生病。

保持良好的心态。

第 15 天

今日心情 ☺ ☺ ☺ ☺ ☹

给未来的学业制订一个计划吧。

你高中想上哪所学校？
―――――――――――――――――――――――
你想以艺术生的身份进入大学吗？
―――――――――――――――――――――――
你想出国留学吗？
―――――――――――――――――――――――

第 16 天

今日心情 ☺ ☺ ☺ ☺ ☹

如果让你当家一天，你会做什么？

问问爸爸妈妈需要做什么。
―――――――――――――――――――――――
给家人做饭。
―――――――――――――――――――――――
洗衣服和打扫卫生。
―――――――――――――――――――――――

当你做事总是做不好时，你会怎么解决这个问题？

越聊越开心

放弃继续做这件事。

向他人寻求帮助。

鼓励自己再坚持一下。

2 幸福与痛苦

第 18 天

你觉得什么是幸福？

真幸福啊，爸爸给我买了最爱吃的冰激凌。

只要你幸福，爸爸就幸福。

越聊越开心·

每天都有家人的陪伴。

饿的时候能吃想吃的东西。

得到了别人的夸奖。

第 19 天　　今日心情 😀 😊 🙂 😐 ☹️

当爸爸妈妈忽略了你的感受的时候，你会怎么做？

一个人默默地难过。

想办法做其他的事情让爸爸妈妈注意到自己。

和爸爸妈妈直接说出心里的想法。

第 20 天　　今日心情 😀 😊 🙂 😐 ☹️

什么事情会让你感到很痛苦？

被老师或爸爸妈妈批评了。

和好朋友吵架了。

喜欢的玩具弄丢了。

今日心情 😀 🙂 ☺ 😐 ☹

如果收到了妈妈送的惊喜礼物，你会如何向妈妈表示感谢？

越聊越开心

亲亲妈妈。

保证下次考个好成绩。

答应为妈妈做一件事。

第 22 天   今日心情 ☺ ☺ ☺ ☺ ☹

在爸爸妈妈过生日的时候，你会做什么？

手写一张生日贺卡。

给爸爸妈妈唱生日快乐歌。

和爸爸妈妈一起吹蜡烛。

第 23 天   今日心情 ☺ ☺ ☺ ☺ ☹

生病的时候，你最想爸爸妈妈做什么？

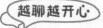

抱着你哄你入睡。

为你做喜欢吃的食物。

安慰你，并理解你的感受。

第 24 天

今日心情 😀 😊 🙂 😐 ☹️

你觉得怎样才能获得幸福?

努力做好自己的事。

懂得感恩父母。

不和他人比较。

第 25 天

今日心情 😀 😊 🙂 😐 ☹️

如果你的好朋友感到不幸福,你会怎么做?

想办法让好朋友开心起来。

询问或倾听好朋友不幸福的原因。

对好朋友不幸福的原因表示理解。

第 26 天 今日心情 ☺ ☺ ☺ ☺ ☹

分享近期让你感到幸福的一件事。

 越聊越开心

是谁让你感受到了幸福？

你会感谢让你感受到幸福的人吗？

你感到幸福时的心理活动是什么？

第 27 天 今日心情 ☺ ☺ ☺ ☺ ☹

你觉得幸福可以自己创造吗？

越聊越开心

其实做自己喜欢的事就是幸福。

幸福如果靠他人创造，那我们是不是就会变得很被动？

想一想，创造幸福的条件有哪些？

第 28 天　今日心情 😀 😊 🙂 😐 ☹️

你觉得痛苦的经历会让你成长吗?

痛苦能让人变得更坚强。

要看到积极的一面。

即使没有成长也没关系。

第 29 天　今日心情 😀 😊 🙂 😐 ☹️

你觉得面对痛苦时的态度应该是怎样的?

越聊越开心

保持乐观,相信痛苦总会过去的。

顺其自然,不做过多的挣扎。

逃避现实,只要不去想,就不会感到痛苦。

第 30 天　　今日心情 😛 😊 🙂 😐 ☹️

你觉得幸福有期限吗？

怎么做才能留住幸福？
………………………………………………………………

珍惜幸福的时光。
………………………………………………………………

如果没有期限的话是为什么？
………………………………………………………………

第 31 天　　今日心情 😛 😊 🙂 😐 ☹️

你觉得爸爸妈妈和你沟通的方式有问题吗？

你会感受到压抑吗？
………………………………………………………………

你希望爸爸妈妈改变沟通的方式吗？
………………………………………………………………

你觉得还有哪些可以改进的地方？
………………………………………………………………

当你想要的东西无法得到时，你会怎么消化这种情绪?

越聊越开心

试图通过吵闹来获得想要的东西。

理解无法得到的原因。

等待下次的机会。

3 读书与学习

你觉得怎么做可以提高学习成绩?

越聊越开心

按时完成作业。

遇到不懂的问题要及时问老师。

多看相关的课外书。

让你读完一本书的话，你会怎么做？

规定每天的阅读量。

遇到不认识的字怎么办？

总结一下从书里得到的感悟。

第 35 天

今日心情 😃 😊 🙂 😐 ☹️

你最喜欢的书中的人物是谁?

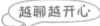

说说喜欢这个人物的原因。

你会把这个人物推荐给好朋友吗?

你觉得这个人物有不足之处吗?

第 36 天

今日心情 😃 😊 🙂 😐 ☹️

当学习遇到了难学的学科时,你会怎么做?

课后多看相关的辅导书。

总结出错的原因。

摆正态度,好好学习。

第 37 天

今日心情 ☺ ☺ ☺ ☺ ☹

你觉得自己对学习有耐心吗？

是什么让你有耐心地学下去？

没有耐心的原因是什么？

你想加强学习时的耐心吗？

第 38 天

今日心情 ☺ ☺ ☺ ☺ ☹

你觉得读书的目的是什么？

学习很多很多的知识。

为未来做打算。

提高自身素质也很重要。

第 39 天

做作业时，你有什么习惯吗？

越聊越开心·

你的注意力集中吗？会因为什么事情分神？

你做题的顺序是什么？先做会做的题，还是先解决难做的题？

你喜欢边读题边画线吗？

第 40 天

当爸爸妈妈辅导你做作业时，你希望爸爸妈妈怎么做？

越聊越开心·

耐心地讲解问题。

给你思考的空间。

多多鼓励你。

第 41 天　　　　今日心情 ☺ ☺ ☺ ☺ ☹

你会因为什么事而努力学习?

体会到爸爸妈妈工作的不易。

为了实现与老师、同学定下的学习目标。

为了获得学习的成就感。

第 42 天　　　　今日心情 ☺ ☺ ☺ ☺ ☹

你怎么看待"活到老学到老"的观点?

学习能让人不断地进步吗?

老了以后还需要保持学习的心态吗?

知识是无限的,人的认知也是无限的吗?

第 43 天

今日心情 ☺ ☺ ☺ 😐 ☹

当完成小组作业时，你通常会扮演什么角色？

越聊越开心

把控作业进度的领导者。

提出并解决问题的执行者。

跟随大家思路的倾听者。

第 44 天

今日心情 ☺ ☺ ☺ 😐 ☹

让你给喜欢的学科排序，你会怎么排？

越聊越开心

你最喜欢哪门学科？为什么？

你最不喜欢哪门学科？为什么？

你喜欢的学科多，还是不喜欢的学科多？

第 45 天　　今日心情 😀 😊 🙂 😐 ☹

　　尝试给自己写一个睡前故事吧。

设计一下故事主人公的身份。

有反派的戏份吗?

结尾会是温馨的结局吗?

第 46 天　　今日心情 😀 😊 🙂 😐 ☹

　　给好朋友推荐一本你正在看的书吧。

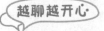

你推荐这本书的理由是什么?

说说你觉得书里最精彩的故事情节。

设想一下好朋友会喜欢这本书吗?

第 47 天

今日心情 ☺ ☺ ☺ ☺ ☹

用你学过的知识来形容一下月亮。

月亮的形状像什么？

月亮是什么颜色的？

月亮上面有什么？

第 48 天

今日心情 ☺ ☺ ☺ ☺ ☹

同学中，有谁是你的学习榜样吗？

你想向学习榜样学习的优点是什么？

学习榜样的学习方法是怎样的？

如果你没有学习榜样，理由是什么？

4 家人与家庭

你认为完美的家庭是什么样子的？

有哪些家庭成员？

家庭成员之间的关系怎么样？

谁是家庭的主心骨？

第 50 天

今日心情 ☺ ☺ ☺ ☹ ☹

你常对爷爷奶奶、外公外婆说的话是什么?

越聊越开心·

祝爷爷奶奶、外公外婆身体健康!

我想你们了。

谢谢爷爷奶奶、外公外婆。

第 51 天

你最喜欢的家庭活动是什么？

越聊越开心

外出游玩。

在家娱乐。

一起做饭。

第 52 天

过年时，一家人会做什么事？

买年货和贴春联。

包饺子和放烟花。

互相说新年祝福。

第 53 天

给家人的胆大程度排个序吧。

说说这么排的原因。

谁最胆小？谁最胆大？

你做过最大胆的事是什么？

第 54 天

你希望有兄弟姐妹吗？

越聊越开心·

会不会担心父母偏心？

兄弟姐妹之间可以一起玩耍。

兄弟姐妹将来可以一起照顾年纪大的父母。

第 55 天

等父母老了，你会怎么照顾他们？

越聊越开心·

给他们洗脸洗脚。

给他们做好吃的饭菜。

给他们按摩捶背。

第 56 天　　　今日心情 😄 🙂 🙂 😐 🙁

你觉得对家人来说，什么事是最重要的？

彼此的尊重和理解。

彼此的陪伴。

良好的沟通方式。

第 57 天　　　今日心情 😄 🙂 🙂 😐 🙁

你记得家人的生日和生肖吗？

从一月到十二月，大家的生日集中在哪个月份？

谁的生日最先到来？

有谁的生肖是一样的吗？

第 58 天

今日心情 ☺ ☺ ☺ ☺ ☹

你觉得家像什么？

越聊越开心·

像一艘船，爸爸是开船的船长。

像一个大蘑菇，大家都住在蘑菇里。

像一把伞，下雨的时候可以遮风挡雨。

第 59 天

今日心情 ☺ ☺ ☺ ☺ ☹

你觉得对全家人来说最重要的日子是哪一天？

越聊越开心·

这一天有什么特殊的意义吗？

大家会在这一天做什么呢？

会连续几年都庆祝这个日子吗？

第 60 天

如果你的家在一艘即将沉没的船上，你会舍弃哪些东西呢？

越聊越开心

沙发、餐桌等家具，为什么呢？

衣服、鞋子等服饰，为什么呢？

心爱的玩具，为什么呢？

第 61 天

用一个词来形容一下家庭成员吧。

越聊越开心

描述一下家庭成员的长相特点。

描述一下家庭成员的性格特点。

描述一下家庭成员的做事风格。

第 62 天　　　今日心情 ☺ ☺ ☺ ☺ ☹

你最近做梦梦到了哪些家人？

你还记得梦里的情景吗？

你醒来会庆幸是梦吗？

梦里的你是什么心情？

第 63 天　　　今日心情 ☺ ☺ ☺ ☺ ☹

你觉得家人和家庭的关系是怎样的？

越聊越开心·

是不是有了家人才能组成家庭？

家人怎样相处才能让家庭变得有意义？

家庭赋予了家人哪些责任？

第 64 天

如果家里人吵架了，你会怎么做？

询问吵架的原因。

想办法让吵架的人和好。

谁也不帮，保持中立。

第 65 天

在你看来，家人有什么缺点吗？

这些缺点你也有吗？

这些缺点对生活影响大吗？

这些缺点会影响你爱他们吗？

5 兴趣与爱好

如果让你自行选择，你想上什么兴趣班？

爸爸，弹电吉他好帅啊，我想去学电吉他！

好啊，说不定以后我就是著名电吉他手的爸爸了。

越聊越开心

你为什么喜欢这个兴趣班？

你去上兴趣班时会怎么做？

你以后会一直坚持下去吗？

你觉得沉迷于爱好是好事还是坏事？

越聊越开心

为什么是好事？

为什么是坏事？

会不会既是好事又是坏事？

第 68 天　　今日心情 😀 😊 🙂 😐 ☹

未来，你会将爱好发展成职业吗？

未来你有能力用爱好来养活自己吗？

为了将爱好变成职业，你还需要做哪些努力？

未来你会一直喜欢自己的职业吗？

第 69 天　　今日心情 😀 😊 🙂 😐 ☹

你觉得自己擅长做哪方面的事？

越聊越开心

你喜欢动手制作东西吗？

你会为擅长做的事花费多少时间？

在做擅长的事时，你的心理活动是怎样的？

第 70 天

你喜欢收藏别人不喜欢的东西吗?

越聊越开心

小众的爱好也是一种爱好。

帮你的收藏品做个收纳盒吧。

试试用收藏品做件礼物吧。

第 71 天

你最喜欢哪项运动?

越聊越开心

运动时要注意安全。

如果没有喜欢的运动,可以试着培养一项。

喜欢出汗的感觉吗?

第 72 天　　　　今日心情 ☺ ☺ ☺ ☺ ☹

你最喜欢什么颜色？

你为什么喜欢这个颜色？

你拥有几件这种颜色的物品？

如果你最爱吃的食物变成了这种颜色，你还会喜欢吗？

第 73 天　　　　今日心情 ☺ ☺ ☺ ☺ ☹

当你探索大自然时，你会对什么感兴趣？

越聊越开心

捡一片树叶并观察它的纹理。

为美景拍一张照吧。

呼吸一下大自然的空气。

第 74 天

迄今为止，你最喜欢自己制作的哪件作品？

越聊越开心

为你的作品取一个名字吧。

你想将这件作品送给谁呢？

为你喜欢的作品写上创作日期吧。

第 75 天

用一句话来推荐你的爱好，你会说什么？

越聊越开心

你的爱好是什么类别的？

你的爱好有什么传承的意义吗？

你的爱好是大众喜欢的吗？

第 76 天　　　今日心情 😀 😊 🙂 😐 ☹️

你的爱好对你的学业有帮助吗？

喜欢玩魔方可以提高逻辑思维能力。

喜欢编程可以提高计算能力。

喜欢看书可以提高写作能力。

第 77 天　　　今日心情 😀 😊 🙂 😐 ☹️

说说你发展爱好的契机是什么。

越聊越开心

偶然的一次接触。

什么时候喜欢上的这个爱好？

是为了提高审美能力吗？

6 隐私与秘密

第 78 天　　　　今日心情 ☺ ☺ ☺ ☺ ☹

你认为什么是隐私？

只要不愿意让别人知道的事情就是隐私。

每个人都有隐私。

我们有权保护自己的隐私。

第 79 天　　　　今日心情 ☺ ☺ ☺ ☺ ☹

当有陌生人要触碰你的身体时，你应该怎么做？

越聊越开心

要勇敢地拒绝。

及时告诉爸爸妈妈或老师。

必要时可以寻求警察的帮助。

爸爸妈妈可以随意翻看你的东西吗？

越聊越开心

你可以向爸爸妈妈表达自己的意愿。

为了维护隐私你会怎么做？

你愿意让爸爸妈妈翻看的理由是什么？

今日心情 😆 ☺ ☺ 😐 ☹

你会怎么处理你的小秘密？

秘密就像星星一样，会闪烁着不同的光芒。

写在日记本上。

告诉自己最亲近的人。

埋在心里。

别人让你保守秘密，你会怎么做？

越聊越开心·

不告诉任何人。

只告诉爸爸妈妈。

也告诉对方一个自己的秘密。

第 83 天　　今日心情 ☺ ☺ ☺ ☺ ☹

当你不小心知道了别人的秘密时，你会怎么做？

越聊越开心

确认秘密是否与自己有关。

保守他人的秘密。

假装不知道这个秘密。

第 84 天　　今日心情 ☺ ☺ ☺ ☺ ☹

你愿意和谁分享你的秘密？

越聊越开心

为什么愿意和对方分享你的秘密？

秘密说出口后还是秘密吗？

你会要求别人保守你的秘密吗？

第 85 天　　　今日心情 ☺ ☺ ☺ ☺ ☹

你觉得小孩子能进异性的厕所吗?

即使年龄小，也有男女之分。

在公众场合中，要尊重他人的隐私。

你觉得独立上厕所难不难?

第 86 天　　　今日心情 ☺ ☺ ☺ ☺ ☹

你想要有自己的私人空间吗?

你觉得私人空间有存在的必要性吗?

你觉得私人空间能让人展现真实的自我吗?

你觉得私人空间的界限是什么?

你觉得能当众拿别人的隐私开玩笑吗？

越聊越开心·

当众拿别人的隐私开玩笑可能会引发冲突。

当众拿别人的隐私开玩笑是不对的行为。

要学会将心比心地体会别人的感受。

7 激发想象力

第 88 天

如果你可以变成大人，你想做什么？

越聊越开心

做一些平时不敢的事。

体验上班的感觉。

照顾家里人。

如果有一天家里来了个外星人，你会做什么？

越聊越开心

请外星人吃零食。

研究外星人的长相。

和外星人握手。

今日心情 😐 😊 🙂 😑 ☹

如果你变成了一只蝴蝶，你会做什么？

越聊越开心

到处吸食花蜜。

躲避天敌。

住在花朵里。

如果有一道可以穿越的任意门，你想做什么？

越聊越开心·

去银河看星星。

去海边玩水。

去月球上盖房子。

第 92 天

如果地球变成了人，接下来会发生什么？

越聊越开心

地球会喝自己身上的水吗？

地球会跑到外太空吗？

地球会打喷嚏吗？

第 93 天

如果家里书架上的书全飞起来了，你觉得它们会飞到哪里去？

越聊越开心

飞到大树底下。

飞到图书馆去。

飞到空中变成风筝。

第 94 天

今日心情 ☺ ☺ ☺ ☺ ☹

如果汉字会跳舞，你觉得它们会跳什么舞？

越聊越开心·

霹雳舞。

芭蕾舞。

机械舞。

第 95 天

今日心情 ☺ ☺ ☺ ☺ ☹

想象一下，如果你有一件魔法物品，它会是什么？

越聊越开心·

穿上就能在空中飞行的鞋子。

能变大变小的移动毯子。

躺着就能到目的地的床。

第 96 天

今日心情 ☺ ☺ ☺ ☺ ☹

如果人能在海底呼吸和行走，你觉得会发生什么？

需不需要躲避鲨鱼等大型海洋动物？

海底到海平面的距离有山那么高吗？

人在海底会冷吗？

第 97 天

今日心情 ☺ ☺ ☺ ☺ ☹

如果你有一根魔法棒，你会用来做什么？

越聊越开心

用魔法棒变出一件隐身斗篷。

用魔法棒变出很多很多的零食。

用魔法棒帮助他人。

第 98 天　　今日心情 ☺ ☺ ☺ ☺ ☹

如果你的身体能变大变小，你会做什么？

变小后可以在积木里玩迷宫游戏。

变大后可以爬到平时爬不到的高处。

变大后还可以看得更远。

第 99 天　　今日心情 ☺ ☺ ☺ ☺ ☹

让你给猫设计一栋房子，你会怎么设计？

猫要怎么睡觉吃饭？

猫的娱乐区域要怎么设计？

需要设计门和窗吗？

第 100 天 　　　今日心情 ☺ ☺ ☺ ☺ ☹

假如你拥有一个神奇的动物，你觉得它神奇在哪里？

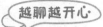

它能上天入地吗？

它能说话吗？

它会穿衣服吗？

第 101 天 　　　今日心情 ☺ ☺ ☺ ☺ ☹

假如让你打造一个新的世界，你会怎么打造？

新世界里有哪些物种？

新世界里有哪些建筑？

新世界里有山川日月吗？

第 102 天　　今日心情 ☺ ☺ ☺ ☺ ☹

　　如果家里闯进了一群会说话的青蛙，接下来会发生什么事？

越聊越开心·

青蛙闯进家里的目的是什么？

青蛙会赖着不走吗？

是谁派青蛙来的？

第 103 天　　今日心情 ☺ ☺ ☺ ☺ ☹

　　假如你收到了一封来自魔法学院的邀请函，你觉得接下来会发生什么事？

越聊越开心·

是谁寄来的邀请函？

邀请函的内容是什么？

你会赴约吗？

第 104 天　　今日心情 ☺ ☺ ☺ ☺ ☹

假如你是外星人，你希望拥有什么与众不同的能力？

隔空移动物品的能力。

随时可以飞行的能力。

抵御外来伤害的能力。

第 105 天　　今日心情 ☺ ☺ ☺ ☺ ☹

假如你在路上捡到了一顶帽子，你觉得它会是谁的?

也许是魔术师的帽子。

也许是警察的帽子。

也许是洋娃娃的帽子。

第 106 天

今日心情 ☺ ☺ ☺ ☺ ☹

给你一个三角形和一个长方形，你能用来做什么？

搭成一个房子。

拼成一个陀螺。

拼成一个箭头。

第 107 天

今日心情 ☺ ☺ ☺ ☺ ☹

你觉得天空除了是蓝色外，还可以是什么颜色？

可以是像橘子一样的橙色。

可以是像水蜜桃一样的粉色。

可以是像蜡笔一样的彩色。

你觉得一百层的沙发是由什么做成的?

是由一百张纸做成的。

是由一百张毯子做成的。

是由一百个足球做成的。

8 生与死

第 109 天　　　　今日心情 ☺ ☺ ☺ ☺ ☹

你觉得死亡可怕吗？

为什么可怕？

有什么方法能克服恐惧吗？

死亡是生命的自然终结。

第 110 天　　　　今日心情 ☺ ☺ ☺ ☺ ☹

你觉得人死后还会有意识吗？

有意识的话会感到痛吗？

没有意识的话会感到轻松吗？

你希望有意识吗？

第 111 天

今日心情 ☺ ☺ ☺ ☺ ☹

你觉得活着的目的是什么？

越聊越开心

可以陪着爸爸妈妈。

可以吃自己喜欢的食物。

可以做自己想做的事。

第 112 天

今日心情 ☺ ☺ ☺ ☺ ☹

你觉得怎样的人生才是有意义的人生？

越聊越开心

人生的长度重要还是深度重要？

如何评价平凡人的一生？

你希望自己的人生是怎样度过的？

你觉得人死后会去什么地方？

会去天上。

会去人类看不见的地方。

会去关灯后的床底下。

今日心情

雨天在路上看见一只奄奄一息的流浪狗，你会救它吗？

妈妈，它身上全湿了，我们把它带回家吧！

好，真是可怜的小家伙。

越聊越开心·

将它带到能避雨的地方。

给它投喂食物。

告诉大人，让大人来处理。

第 115 天

你知道生命是怎么诞生的吗？

动物和植物的诞生方式是一样的吗？

你见证过生命的诞生吗？

你觉得生命诞生的必要条件是什么？

第 116 天

你觉得生命有重量吗？

越聊越开心·

生命的重量是怎么衡量的？

所有的生命重量都是一样的吗？

我们对生命要怀有敬畏之心。

第 117 天　　今日心情 ☺ ☺ ☺ ☺ ☹

你觉得死亡有哪些意义？

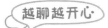

死亡能让人更懂得珍惜生命。

死亡能让人更理解生命。

死亡能维持生态平衡。

第 118 天　　今日心情 ☺ ☺ ☺ ☺ ☹

你觉得活着最难的是什么？

越聊越开心·

要为生存担忧。

要和自己不喜欢的人相处。

要和自己的亲人永远分开。

第 119 天

今日心情 ☺ ☺ ☺ ☺ ☹

假如家里即将有新生儿诞生，你会为新生儿做什么？

给新生儿准备一份礼物。

学习照顾新生儿。

为新生儿取名。

第 120 天

今日心情 ☺ ☺ ☺ ☺ ☹

你觉得玩具有生命吗？

为什么有生命？

为什么没有生命？

玩具的生命是由谁来赋予的？

你会因为死亡而忘记一个人吗?

与亡者有关的记忆会留存下来吗?

记忆会渐渐模糊吗?

如何才能不忘记与亡者有关的记忆?

9 对与错

有时候，大人会忘记答应过孩子的事。比如，爸爸答应陪你玩，却忘了这件事，你觉得这样对吗？

越聊越开心·

你曾经忘记过什么重要的事情吗？

说到做到很重要吗？

你觉得要给别人改正错误的机会吗？

第 123 天

今日心情 ☺ ☺ ☺ ☺ ☹

假设你在路上捡到了一个玩具车，它不是你的，但你很喜欢，产生了占有它的想法，你觉得这样做对吗？

越聊越开心

如果你最喜欢的玩具丢了，心情会怎样？

捡到不属于自己的东西，我们该怎么做？

你有没有帮助别人找到过丢失的东西？

第 124 天

今日心情 ☺ ☺ ☺ ☺ ☹

有时候，我们可能会说一些小谎话。你觉得这样做对吗？

越聊越开心

说谎会让人失去信用。

绝大多数时候，说谎都是不对的。

什么是善意的谎言？

第 125 天　　今日心情 ☺ ☺ ☺ ☺ ☹

午休时间到了，但是你的好朋友想和你一起玩，你会怎么做？

越聊越开心

你觉得午休重要吗？

和好朋友一起玩的时候，你喜欢做什么？

有没有办法既能休息又能和好朋友一起玩一小会儿？

第 126 天　　今日心情 ☺ ☺ ☺ ☺ ☹

如果有人说了不对的话，比如说脏话或者用语言攻击其他人，你会怎么做？

越聊越开心

你听到这样的话，心里是什么感觉？

有没有什么方法，既可以指出别人的错误，又不让他们感到难堪？

你觉得语言的力量是正面的，还是负面的？

如果有个小朋友觉得你穿的衣服很丑，还因此嘲笑你，你觉得这个小朋友的做法对吗？

越聊越开心·

每个人对"美"的感受可能不一样，不要过于在乎别人的看法。

你觉得嘲笑别人对吗？

你认为穿衣服是舒服重要，还是好看重要？

第 128 天

今日心情 ☺ ☺ ☺ ☺ ☹

如果老师误会了你，认为你违反了纪律，你会怎么告诉老师真相？

越聊越开心

你觉得和老师沟通难吗？

当老师误会你时，你的心情是怎样的？

怎样才能既尊重老师又能清晰地表达自己的观点？

第 129 天

今日心情 ☺ ☺ ☺ ☺ ☹

玩游戏要排队的时候，有人想插队，你觉得这样对吗？

越聊越开心

你知道插队会带来什么样的影响吗？

如果是你的好朋友插队，你会允许吗？

排队是浪费时间，还是提高效率？

第 130 天　　　今日心情 😃 ☺ 🙂 😐 ☹

如果你有两个选择：一个是快速得到一个玩具，但是会让别的小朋友伤心；另一个是等一等，和大家一起分享，你会怎么选？

你为什么这么选？

你觉得自己是个喜欢分享的人吗？分享给你带来了什么？

当你看到别人因为分享而开心时，你有什么感受？

第 131 天　　　今日心情 😃 ☺ 🙂 😐 ☹

如果爸爸或妈妈告诉你一个秘密，但是你不小心告诉了别人，你觉得这样对吗？

我们为什么要保守秘密？

当你不小心泄露了秘密后，要怎么弥补？

有没有什么方法，可以帮助我们更好地保守秘密？

如果你不小心把花瓶打碎了，但是没人发现，你会告诉爸爸妈妈吗？

越聊越开心

小孩子会犯错，大人也会犯错，每个人都会犯错。

说一件自己做错的事情。

犯错可怕吗？

第 133 天

今日心情 ☺ ☺ ☺ ☺ ☹

如果你看到有人把垃圾扔在地上，而不是扔进垃圾桶，你觉得这样做对吗？

越聊越开心·

你觉得干净的环境对我们有多重要？

当你看到别人乱扔垃圾时，你会怎么提醒他们？

有没有什么好办法，可以让大家自觉保护环境？

第 134 天

今日心情 ☺ ☺ ☺ ☺ ☹

如果你和爸爸妈妈去超市，他们忘了付钱就拿走了东西，你觉得怎么做才是对的？

越聊越开心·

为什么不付钱是错误的？

当你提醒爸爸妈妈时，他们会觉得你做对了吗？

说一件别人帮助你改正错误的事情。

第 135 天

今日心情 ☺ ☺ ☺ ☺ ☹

你觉得欺负动物是对还是错？

越聊越开心

爱护动物就一定是对的吗？

让动物做它们不愿意的事就一定是错的吗？

你最喜欢的动物是什么？

第 136 天

今日心情 ☺ ☺ ☺ ☺ ☹

如果你和朋友们一起玩游戏，有人不守规则却一直在赢，你觉得这样做对吗？

越聊越开心

遵守游戏规则与赢哪个更重要？

不遵守规则为什么是错的？

你有没有觉得一些规则本身就是错的？

第 137 天

今日心情 ☺ ☺ ☺ ☺ ☹

假设有个小朋友想拿你的画笔，你拒绝了他。拒绝别人是对还是错？

越聊越开心

拒绝别人没有错，每个人都有说"不"的权利。

有没有什么方法，能让小朋友理解你的拒绝？

你有没有向别人提要求，然后被拒绝的经历？

10 培养认知能力

白天你有看天上的云吗？你觉得今天的云像什么？

越聊越开心

今天的云是不是像一群绵羊在悠闲地吃草？

有没有看到像高山一样的云？

你觉得哪片云最有趣？

第 139 天

今日心情 ☺ ☺ ☺ ☺ ☹

讲一个你喜欢的故事，然后试着用几句话概括出故事的大概意思。

越聊越开心·

这个故事里有没有你特别喜欢的角色？

故事的结局是你期望的吗？

你能不能给这个故事加个续集？

第 140 天

今日心情 ☺ ☺ ☺ ☺ ☹

假设你可以变成任何一个玩具，你想变成什么？

越聊越开心·

变成那个玩具后，你最想做什么事情？

那个玩具有什么特别的技能吗？

如果你的朋友也变成了玩具，你希望他们变成什么？

第 141 天

今日心情 😃 ☺ ☺ 😐 ☹

如果你可以发明一种全新的雨伞，它会是什么样子？

你发明的雨伞会飞吗？

它会变颜色吗？

你觉得你发明的雨伞最厉害的地方在哪？

第 142 天

今日心情 😃 ☺ ☺ 😐 ☹

如果你的风筝卡在树上了，你会用什么办法把它拿下来？

能不能找个工具来帮忙？

什么情况下可以尝试自己去拿，什么情况下最好找人帮忙？

如果风筝拿不下来了，你会怎么做？

第 143 天　　今日心情 😀 ☺ ☺ ☺ ☹

为什么会有晚上与早上的区别?

晚上天空中会出现什么?

你喜欢早上还是晚上?

你知道一天中哪个时候太阳最高吗?

第 144 天　　今日心情 😀 ☺ ☺ ☺ ☹

　　闭上眼睛，想象你正站在一个沙滩上，周围有什么? 能听到什么声音?

沙滩上的沙子是什么颜色的?

你听到了海浪声、鸟叫声，还是别的什么声音?

想象一下，你在沙滩上做什么?

今日心情 ☺ ☺ ☺ ☺ ☹

如果让你用天体来形容爸爸或妈妈，你觉得他们分别是什么？

妈妈像月亮，洁白又温柔。

说得我都不好意思了。

越聊越开心·

爸爸像太阳，照耀整个家。

妈妈像月亮，围着家人转。

你自己像什么天体？

第 146 天　　今日心情 😃 ☺ ☺ ☺ ☹

如果我们要做一个特别的生日蛋糕，你会想出什么新奇的想法来装饰它？

蛋糕上要不要加个特别的图案或文字？

用什么材料来装饰？

你觉得这个蛋糕会是什么味道的？

第 147 天　　今日心情 😃 ☺ ☺ ☺ ☹

你觉得水为什么会流动？

水流动的时候，遵守什么样的规则？

如果水不流动了，会变成什么样子？

海水是什么味道的？

第 148 天

天空为什么是蓝色的?

大海为什么也是蓝色的?

天空还有什么颜色?

你觉得蓝天让你心情愉悦的原因是什么?

第 149 天

如果我们要用废旧物品做一件艺术品,你会选择哪些材料?

废旧的报纸和杂志上的图片可以剪下来,拼贴成一幅有趣的画!

坏的玩具或许也是有用的材料。

你觉得还有哪些废旧物品可以变废为宝?

第 150 天

今日心情 ☺ ☺ ☺ ☺ ☹

如果现在下雨了，你觉得外面的世界会变成什么样子？

雨后的世界变得更加清新。

雨水打在窗户上，像不像大自然的乐章？

小雨滴落在树叶、花朵和草地上，它们会有什么反应？

第 151 天

今日心情 ☺ ☺ ☺ ☺ ☹

你知道潮水为什么会涨潮落潮吗？

涨潮落潮与月亮有关。

如果没有月亮，我们的生活会怎样？

我们一起来想象一下，没有潮水的大海是什么样的？

第 152 天

今日心情 ☺ ☺ ☺ ☺ ☹

你知道为什么树叶在秋天会变色并且落下来吗?

秋天的树叶就像是大自然的调色盘,五彩缤纷。

树叶落下来,是不是为了给大树减轻负担,让它好好休息?

树叶落下来后,会变成什么?

第 153 天

今日心情 ☺ ☺ ☺ ☺ ☹

你觉得植物和人类有哪些相似之处,又有哪些不同之处?

越聊越开心

你觉得植物会难过吗?

植物之间有交流吗?

你觉得哪种植物最好看,为什么?

11提升社交能力

你最好的朋友是谁?

你们是怎么认识的?

你们在一起最喜欢做什么?

你们之间最难忘的事情是什么?

第 155 天

假设你认识了一个新朋友，他（或她）看起来很孤单，你会怎么做？

越聊越开心

你会主动上前和他（或她）打招呼，还是等对方先开口？

你觉得用什么样的话或动作可以让他（或她）感到温暖？

如果他（或她）不愿意说话，你会怎么做？

第 156 天

当你看到朋友难过时，你会怎么安慰对方？

越聊越开心

你会说些什么话来安慰朋友？

除了说话，你还会用什么方式来表达你的关心？

你觉得在朋友难过时，陪伴和倾听重要吗？

第 157 天　　　今日心情 😛 😊 🙂 😐 ☹️

　　如果有一个朋友兴奋地和你分享一件事，你会认真倾听吗？

越聊越开心

你会用什么样的表情或动作来回应朋友？比如点头、微笑等。

你会提出问题，还是只是静静地听？

你觉得认真倾听对朋友来说意味着什么？

第 158 天　　　今日心情 😛 😊 🙂 😐 ☹️

　　如果在玩游戏时和朋友争吵起来，你会用什么方法解决问题？

越聊越开心

你会先冷静下来，还是直接和朋友争论？

你觉得用什么样的语言或方式可以平息争吵？

争吵后，你会和朋友和好吗？怎么和好的？

第 159 天

你想邀请某个朋友参加你的生日派对，要怎么礼貌地发出邀请？

越聊越开心

你会用什么样的话语来邀请朋友？

你觉得在邀请时，要注意哪些细节？

如果朋友不能参加，你会失望吗？

第 160 天

当朋友帮助了你时，你会怎样表达你对他的感谢？

越聊越开心

你会说"谢谢"吗？还会不会做其他的事情来表达感谢？

你觉得什么样的感谢方式最能让朋友感到被重视？

在日常生活中，你有没有主动帮助过朋友？

你今天和哪个小朋友说话最多？

你们聊了些什么？

是谁先主动聊天的？

你觉得和这个小朋友聊天开心吗？

第 162 天　　　今日心情 😃 🙂 🙂 😐 🙁

如果你到一个陌生的地方，要怎么快速地交到新朋友？

你会主动和别人打招呼吗？

你觉得做什么可以拉近彼此的距离？

在认识新朋友时，你会不会感到紧张或害羞？

第 163 天　　　今日心情 😃 🙂 🙂 😐 🙁

如果你发现爸爸妈妈心情不好，你会说什么或做什么，

使他们开心起来？

你会讲笑话或做鬼脸来逗他们开心吗？还是用其他方式？

你觉得在爸爸妈妈心情不好时，陪着他们和安慰他们哪个更重要？

你有没有试过分享自己的经历或故事来安慰爸爸妈妈？效果怎么样？

第 164 天

今日心情 ☺ ☺ ☺ ☺ ☹

如果你的好朋友因为害羞不敢参加集体活动，你要怎么鼓励他？

越聊越开心

你会告诉他"没关系，试试看"吗？

你觉得用什么样的方式可以让他感到被支持和理解？

在鼓励好朋友时，你会不会分享自己的经历或感受？

第 165 天

今日心情 ☺ ☺ ☺ ☺ ☹

当你想要加入其他小朋友的游戏时，你会怎么礼貌地提出请求？

越聊越开心

你会先观察他们的游戏，还是直接上前询问？

你觉得用什么样的语言或方式可以让他们更容易接受你？

如果他们拒绝了你，你会怎么处理？

第 166 天

如果朋友送了你一个礼物，但你不喜欢，你会表达感谢，还是委婉地说出真实想法？

越聊越开心·

你觉得送礼物心意比较重要，还是礼物的价值更重要？

在收到不喜欢的礼物时，你会怎么处理？会扔掉吗？

你觉得用什么样的方式可以既表达感谢又委婉地表达真实想法？

第 167 天

在和别人交谈时，怎么判断对方对你说的话感不感兴趣？

越聊越开心·

你会观察对方的表情或动作吗？

你觉得从什么样的表现可以判断，对方对你的话不感兴趣？

如果发现对方不感兴趣，你会怎么办？

第 168 天

今日心情 😃 ☺ ☺ 😐 ☹

当你在公共场合遇到认识的人，但他们的名字你一时想不起来时，你会怎么办？

越聊越开心

你会直接上前打招呼并询问名字吗？

在忘记别人名字时，你有没有试过用其他信息来提醒自己？

你觉得用什么样的方式既可以避免尴尬又能找回记忆？

第 169 天

今日心情 😃 ☺ ☺ 😐 ☹

如果你的小伙伴因为某件事情误会了你，你会用什么样的方式来澄清误会？

越聊越开心

你会选择面对面解释，还是通过文字或其他方式来解释？

在澄清误会时，你会保持冷静和客观吗？

你觉得用什么样的证据或理由可以消除误会？

12 提高表达能力

　　假设你是一位老师，要给学生们上一堂主题是"友谊"的课，你会怎么讲？

越聊越开心

友谊是什么？

友谊重要吗？

怎样才能获得真正的友谊？

第 171 天　　今日心情 ☺ ☺ ☺ ☺ ☹

十年后，你觉得自己在做什么？

越聊越开心

如果十年后的你，给现在的你写一封信，会写些什么？

你觉得十年后的自己会对现在的哪些决定感到骄傲？

十年后，爸爸妈妈分别在做什么？

第 172 天　　今日心情 ☺ ☺ ☺ ☺ ☹

假如你是一位探险家，正要踏上一段未知的旅程，你会带上哪三样东西？

越聊越开心

为什么要带这三样东西？

如果你在冒险途中遇到困难，要怎么利用这三样东西？

如果你发现了一个神秘的宝藏，你觉得可能是什么宝藏？

第 173 天 今日心情 ☺ ☺ ☺ ☺ ☺

有些人喜欢安静地阅读，有些人则喜欢户外运动，你更喜欢哪种活动？

这种活动为什么能吸引你？

说说阅读和户外运动分别有什么好处。

如果你可以邀请一个人陪你一起阅读或者进行户外活动，你会邀请谁？

第 174 天 今日心情 ☺ ☺ ☺ ☺ ☺

最近有没有发生令你印象深刻的事？

你为什么对这件事印象深刻？

这件事有没有让你学到什么？

这件事有没有改变你的一些想法？

假如你能创造一个全新的动物，它会是什么样子的？

它会生活在哪里？

它的叫声是怎样的？

它有什么特别的能力或习惯？

第 176 天　　今日心情 ☺ ☺ ☺ ☺ ☹

说说你最喜欢的玩具是什么。

你为什么喜欢它？

如果你能给它添加一个神奇的功能，你希望是什么？

世界上最棒的玩具应该是什么样的？

第 177 天　　今日心情 ☺ ☺ ☺ ☺ ☹

如果你可以变成动画片或者电影里的角色，你会选择变成谁？

这个角色有什么特别之处吗？

变成这个角色后，你最想做的第一件事是什么？

如果可以和这个角色进行一天的冒险，你会选择去哪里？做什么？

第 178 天

讲讲你经历过的最有趣的事情。

越聊越开心

在这件事情中，最让你感到惊喜的部分是什么？

如果有机会再次经历这件事情，你会希望有哪些不同？

这件事情有没有让你对某个人或某个地方有了新的认识？

第 179 天

用三个词来形容你现在的心情，你会用哪三个词？

越聊越开心

为什么用这三个词？

这三个词分别代表了你现在心情的哪些方面？

你为什么会有这样的心情？

如果要用一种颜色来形容你现在的心情，你会选择什么颜色？

这就是我吃冰激凌时的心情。

难怪你这么爱吃冰激凌！

越聊越开心

这种颜色让你想起了哪个特别的时刻或经历吗？

你觉得这种心情对你的日常生活有什么影响？

心情不好的时候，你喜欢做什么？

第 181 天

如果你能设计一个属于你的梦幻乐园，它会是什么样子的？

越聊越开心

你的梦幻乐园里，最特别的设施或景点是什么？

这个乐园的氛围或主题是什么？

你会邀请谁来你的梦幻乐园玩？

第 182 天

假设你要向一个从没有见过雪的朋友描述雪的样子和感觉，你会怎么说？

越聊越开心

你觉得雪最像什么？像棉花糖、羽毛还是其他什么东西？

如果你可以用一个词来形容雪的声音，你会选择哪个词？为什么？

你觉得在雪中做什么活动最有趣？

第 183 天

今日心情 😀 😊 🙂 😐 🙁

如果你是一个超级英雄，你的超能力是什么？

越聊越开心

你会用这个超能力做什么事？

你的超能力如果可以用来解决一个问题，你会选择解决哪个问题？

你觉得拥有超能力对你来说意味着什么？

第 184 天

今日心情 😀 😊 🙂 😐 🙁

用三句话来描述一个你想象中的未来世界。

越聊越开心

在未来世界里，人们是怎么出行的？是坐飞船吗？

在未来世界里，人们是怎么保护环境的？

你觉得未来世界的人们还会面临哪些问题？

13 培养管理能力

如果可以晚半小时睡觉，你打算做什么？

你平时睡觉前喜欢做什么？

有没有什么事情是你觉得必须晚上做才特别有趣的？

如果可以每天多出一小时的自由时间，你会用来做什么？

第 186 天 　　今日心情 ☺ ☺ ☺ ☺ ☹

　　如果你有一个很长的假期，你会利用这个假期做什么事？

越聊越开心

制订一个锻炼的计划。

学一个喜欢的特长。

什么也不做，好好休息下。

第 187 天 　　今日心情 ☺ ☺ ☺ ☺ ☹

　　如果家里要举行一个小型聚会，由你来安排大家做准备工作，你会怎么安排？

越聊越开心

怎么分工能让聚会的准备工作更高效？

有没有什么聚会游戏或活动是你特别想尝试的？

聚会最有趣的部分是什么？

第 188 天

今日心情 ☺ ☺ ☺ ☺ ☹

假设你和几个朋友一起合作完成一项任务，但是其中有一个朋友动作特别慢，你会怎么办？

越聊越开心

你和朋友一起完成任务时，有没有遇到过困难？是怎么克服的？

怎么帮助动作慢的朋友提高效率？

你要怎么确保每个人都能按时完成任务？

第 189 天

今日心情 ☺ ☺ ☺ ☺ ☹

你有一些零花钱，想要买些东西，但又想存一部分，你会怎么制订花钱和存钱的计划？

越聊越开心

你平时是怎么管理零花钱的？

存钱有什么小技巧或方法吗？

有没有什么特别想买的东西？存钱计划是否能帮助你实现这个目标？

今日心情 ☺ ☺ ☺ ☺ ☹

如果由你来组织一次小朋友参与的活动，你有什么办法让小朋友们都积极参与？

越聊越开心·

你参加过的最有趣的活动是什么？

有没有什么游戏特别受欢迎？

组织活动时，需要注意哪些事情？

第 191 天

如果你要带领几个朋友一起玩游戏，你会怎么选择游戏，并分配角色让大家都能发挥所长？

> 越聊越开心

你最喜欢玩什么多人参与的游戏？

怎么根据朋友的特点分配角色？

在游戏中，怎么鼓励大家发挥自己的优势？

第 192 天

家里有一些旧玩具和书籍，你想把它们整理好并捐给需要的小朋友，你会怎么组织和执行这个计划？

> 越聊越开心

你有没有捐过东西？感觉怎么样？

怎么整理旧玩具和书籍才能让它们更适合捐赠？

捐赠的过程中，有没有让你印象深刻的事情发生？

第 193 天　　　今日心情 😀 ☺ ☺ 😐 ☹

假设你是老师的小助手，需要帮老师准备课堂材料，你会怎么安排时间，确保一切顺利？

越聊越开心

你觉得当老师的小助手需要做哪些工作？

你会怎么充分利用时间？

有没有什么小技巧或方法，可以帮助你更好地完成小助手的工作？

第 194 天　　　今日心情 😀 ☺ ☺ 😐 ☹

你和朋友们想一起建一个沙堡，你会怎么安排，让大家又快又好地完成？

越聊越开心

你有没有建过沙堡？有什么经验可以分享？

沙堡的设计和建造过程是什么样的？

怎么确保每个人都能参与并发挥作用？

假设你有两个好朋友想一起玩游戏，但他们想玩的游戏都不一样，你会怎么安排，能让大家都开心？

越聊越开心

你和朋友们通常是怎么决定玩什么游戏的？

当意见不统一时，怎么找到一个大家都能接受的解决办法？

是不是一定要所有人都满意？

第 196 天　　　今日心情 ☺ ☺ ☺ ☺ ☹

　　如果你要组织一次家庭大扫除，你会怎么分配任务，让家里每个人都参与进来，共同把家里打扫干净？

越聊越开心·

你觉得家里最需要打扫的地方是哪里？

怎么分配任务，让每个人都参与进来？

打扫完后，有没有什么特别的奖励或活动来庆祝？

第 197 天　　　今日心情 ☺ ☺ ☺ ☺ ☹

　　如果你要替爸爸或妈妈安排一次生日宴会，你会怎么安排？

越聊越开心·

你参加过的最难忘的生日宴会是什么样的？

怎么才能安排一个有趣又温馨的生日宴会？

有没有什么特别的活动或游戏可以让生日宴会更精彩？

第 198 天

今日心情 😃 😊 🙂 😐 ☹️

假如你设定了一个目标，比如在三天内学会一首歌，你要怎么实现这个目标？

越聊越开心

你有没有设定过类似的目标？是怎么实现的？

你在学新歌的过程中，有没有什么小技巧或方法？

达到目标后，你会怎么奖励自己？

第 199 天

今日心情 😃 😊 🙂 😐 ☹️

假如在同一段时间里，你需要完成阅读、画画和玩耍三项活动。你会怎样安排时间？

越聊越开心

你要怎么分配这三项活动的时间，确保每项活动都能完成好？

你会根据什么来安排三项活动进行的先后顺序？

如果你发现某项活动花费了过多的时间，你会怎么调整计划？

14 工作与职业

什么叫工作？

我爸爸说，工作很有意义，但是我感觉他更喜欢放假。

大人可真奇怪。

越聊越开心

你觉得做什么样的事，可以叫作工作？

如果没有工作，我们的生活会怎样？

你觉得你适合做什么样的工作？

第 201 天

大人为什么要工作?

越聊越开心

大人如果不工作, 会发生什么事情呢?

除了赚钱, 工作还能给大人带来哪些好处?

你觉得大人喜欢工作吗?

第 202 天

爸爸妈妈每天去工作是为了什么?

越聊越开心

你觉得爸爸妈妈工作辛苦吗?

你有没有想过为爸爸妈妈分担一些家务, 让他们回家后放松一下?

爸爸妈妈工作是为了自己, 还是为了整个家庭?

第 203 天

今日心情 ☺ ☺ ☺ ☺ ☹

工作对我们的生活有什么意义?

越聊越开心·

工作能让我们学到哪些新技能和新知识?

工作能带来哪些成就感和满足感?

你觉得工作能让世界变得更好吗?

第 204 天

今日心情 ☺ ☺ ☺ ☺ ☹

你有没有想过,世界上有很多种不同的工作,它们都是怎么创造价值的?

越聊越开心·

你知道哪些工作在我们日常生活中是必不可少的,但又经常被忽视吗?

想象一下,如果世界上没有了厨师,会怎么样?

想象一下,如果世界上没有了医生,又会怎么样?

第 205 天

今日心情 ☺ ☺ ☺ ☺ ☹

你知道爸爸妈妈的工作是什么吗？他们每天都在做些什么？

越聊越开心·

你对爸爸妈妈的工作感到好奇吗？

你想不想了解爸爸妈妈在工作中遇到的有趣事情？

你觉得爸爸妈妈的工作对你有什么影响？

第 206 天

今日心情 ☺ ☺ ☺ ☺ ☹

有没有哪个工作是你觉得特别神奇或者有趣的？

越聊越开心·

为什么你觉得这个工作特别神奇或者有趣？

有没有哪个工作让你觉得像是在"玩"，但又很有价值？

不同的工作之间能否比较哪一个更重要？

想象一下，你长大后想做什么工作？

为什么这个工作会吸引你？

从事这个工作需要具备哪些本领？

如果你将来要做这个工作，现在可以做哪些准备？

138

第 208 天

工作中除了赚钱，还有哪些重要的事情？

越聊越开心

工作中，我们不仅能学到技术，还能学会与人相处。

想象一下，假如你在工作中帮助了别人，是不是比赚钱更开心？

通过工作，我们可以展示自己的才干，得到他人的尊重。

第 209 天

今日心情 ☺ ☺ ☺ ☹ ☹

有些人喜欢换工作，尝试不同的职业；有些人则喜欢在一份工作上做很久，成为专家。你觉得哪种更好？

越聊越开心

经常换工作的人可以体验到不同的工作环境和文化，结交不同的朋友。

成为某个领域的专家能带来自信和成就感，也很棒。

无论哪种方式，最重要的是找到让自己开心和满足的工作。

第 210 天　　　　今日心情 ☺ ☺ ☺ ☺ ☹

如果你可以创造一个全新的工作，它会是什么样的？

你会给这个工作起什么名字？

这个工作的主要内容是什么？

你觉得这个工作能为世界带来哪些变化？

第 211 天　　　　今日心情 ☺ ☺ ☺ ☺ ☹

你知道有哪些工作能让世界变得更美好吗？

你觉得哪些工作是在帮助别人？

你有没有想过自己也能做一些帮助别人的事情？

你觉得帮助别人是一件快乐的事情吗？

第 212 天

今日心情 😀 ☺ ☺ 😐 ☹

假设你成为一名医生（或老师、消防员等），你会怎么帮助别人？

越聊越开心·

你为什么想做这个工作？

你觉得这个工作有什么作用？

你有没有为将来做这个工作做过一些准备？

第 213 天

今日心情 😀 ☺ ☺ 😐 ☹

你觉得工作和做游戏有什么相同和不同之处？

越聊越开心·

你觉得工作和做游戏都需要哪些技能？

你更喜欢工作还是做游戏？为什么？

你有没有想过把工作当成一种游戏来玩？

第 214 天

今日心情 ☺ ☺ ☺ ☺ ☹

在你的心目中，既有趣又有意义的工作是什么样的？

什么样的工作是有意义的？

如果有一份工作，能够改变世界，你觉得会是什么样的工作？

什么样的工作会让你觉得既擅长，又有成就感？

15 树立安全意识

今日心情 ☺ ☺ ☺ ☺ ☹

如果有一个你不认识的人在学校门口说要带你去吃好吃的，你会怎么做？

越聊越开心

如果有陌生人要带你去玩，你会怎么做？

你知道为什么不能随便跟陌生人走吗？

我们来一起制定一个"安全守则"，用来应对突发情况。

第 216 天

今日心情 ☺ ☺ ☺ ☺ ☹

当你在家里使用电器时，比如微波炉或电视，有哪些事情是你需要特别注意的？

越聊越开心

你知道电器为什么需要插头吗？它们是怎么工作的呢？

如果我们用完电器不拔插头，可能会有什么危险呢？

你有没有想过，为什么电器上都会有一个"警告"或者"注意"的小标签？

第 217 天

今日心情 ☺ ☺ ☺ ☺ ☹

在公共场合和家人走散了，你应该去哪里寻求帮助，并且怎样描述你的情况让工作人员更快找到你的家人？

越聊越开心

你知道在公共场合，哪个地方最容易找到帮助吗？是服务台！

如果你要描述自己的情况，你会怎么说？我们可以练习一下。

如果你是工作人员，你会怎样帮助走失的孩子找到家人呢？

第 218 天　　　今日心情 ☺ ☺ ☺ ☺ ☺

当你乘坐汽车时，为什么要系好安全带？

越聊越开心·

安全带是怎么保护我们的安全的？

如果不系安全带，在车子急刹车或者发生碰撞时，会发生什么事情呢？

坐在后排座位上需不需要系安全带？

第 219 天　　　今日心情 ☺ ☺ ☺ ☺ ☺

如果有陌生人询问你的真实姓名、地址或电话号码，你应该怎么回答？

越聊越开心·

你知道哪些信息是属于个人隐私，不能随便告诉别人的吗？

如果有人问你这些信息，你会怎么回答？

你知道为什么保护个人隐私很重要吗？如果隐私泄露了，会有什么后果？

第 220 天

假如爸爸下楼取快递，需要你一个人在家待一小会儿，你需要遵守哪些规矩？

越聊越开心

远离家里的刀具和尖锐物品，不触碰电源、火源。

如果有陌生人敲门，不要开门。

尽可能待在你熟悉的、安全的区域，比如客厅、房间。

第 221 天

我们去公园玩耍时，有哪些规则是你必须遵守的？

越聊越开心

你知道公园里有哪些设施特别好玩，但也需要特别小心吗？

如果你在公园看到"禁止攀爬""小心地滑"的警示牌，需要留心吗？

如果你在公园的花坛边，看到"请勿摘花"的牌子，你会怎么做？

第 222 天

在超市挑选食物时，你怎样判断一个食品是新鲜且安全的？

越聊越开心

食品包装上的哪些信息可以告诉我们食品是否新鲜？

在超市挑选水果时，你会怎么选？是看颜色、摸软硬，还是闻味道？

有没有哪个食品是你特别喜欢，而且你知道要怎么挑选的？

第 223 天

如果发生地震，你知道应该如何迅速而安全地离开家吗？

越聊越开心

家里有没有制订过紧急逃生计划？

发生地震时，不可以坐电梯离开。

首先要保证人身安全，其次才是财产安全。

第 224 天

如果家里突然起火了，你知道要拨打哪个电话号码求救吗？

越聊越开心

如果遇到火灾应拨打电话 119。

你知道家里的安全逃生出口在哪里吗？

如果火势很大，不能直接逃生的话，应该怎么做？

如果家里突然停电了，你会怎么做？

爸爸，你在哪？

别怕，爸爸马上到家！

越聊越开心

你知道家里的紧急联系电话吗？

停电以后，家里变得很黑，我们应该去找手电筒，还是蜡烛？

停电以后，家里的哪些电器会停止工作？我们来一起列举一下。

第 226 天

当你一个人在家时，有人敲门说他是来修电器的，但你并不认识他，这时你该怎么办？

越聊越开心

你可以怎么验证这个人是不是真的来修电器的？

如果这个人真的是来修电器的，但是没有家长的同意，你会让他进来吗？

可以让维修工改天再来或联系家人。

第 227 天

今日心情 ☺ ☺ ☺ ☺ ☹

在街上遇到陌生人向你求助，比如要求你帮忙看东西，你应该怎么做？

越聊越开心

你有没有在街上遇到过陌生人向你求助的情况？当时你是怎么做的？

如果陌生人向你借钱，你会怎么办？

陌生人让你帮忙带路，你会答应吗？为什么？

第 228 天

今日心情 ☺ ☺ ☺ ☺ ☺

在游乐场玩滑梯时，如果发现前面的小朋友摔倒了，你应该如何安全地帮助他？

越聊越开心

如果前面的小朋友摔倒了，你应该先保护自己，还是先去帮助他？

你知道在游乐场玩滑梯时，有哪些安全规则是我们必须遵守的吗？

叫大人来帮忙会不会更好？

第 229 天

今日心情 ☺ ☺ ☺ ☺ ☺

如果你在游泳池边玩耍，不小心落入深水区，而周围没有大人，你会怎么自救？

越聊越开心

你知道在游泳池里，深水区和浅水区的区别吗？

如果不小心落入深水区，你会惊慌失措，还是冷静自救？

我们可以一起学习一些基本的自救技巧。

在乘坐电梯时，如果遇到电梯故障或者被困在电梯里，你应该怎么做才能保持冷静并寻求帮助？

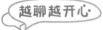

你知道电梯是怎么运作的吗？

你知道电梯里有紧急按钮吗？紧急按钮是如何操作的？

我们来模拟一下电梯出现故障，需要寻求帮助的场景。

16 内在与外表

今日心情 ☺ ☺ ☺ ☺ ☹

笑容会让人变得好看吗?

你笑起来可真好看。

谢谢。

你觉得笑为什么能让人变好看?

你觉得自己笑起来的时候,哪里最吸引人?

有没有哪个瞬间,你觉得自己笑起来特别美,给别人也带来了欢乐?

第 232 天

今日心情 ☺ ☺ ☺ ☺ ☹

你觉得一个人的外表重要吗？

什么是外表？什么是内在？

外表好看的人是不是容易让人产生好感？

人的内在重要吗？比如诚实、善良、勇敢这些品质。

第 233 天

今日心情 ☺ ☺ ☺ ☺ ☹

你愿意交外表出众但内在一般的朋友，还是更愿意交外表普通但内在优秀的朋友？

在你看来，内在和外表哪个才是友谊的基础？

为什么我们会不自觉地先被外表吸引呢？

你觉得和什么样的人相处，能学习到更多东西？

第 234 天　　　今日心情 ☺ ☺ ☺ ☺ ☹

你认为什么样的人是美丽的？

一个人只有外表美，就可以了吗？

外在美和内在美的标准是什么？

一个人很善良、很宽容，但外表并不出众，你会觉得他（或她）美吗？

第 235 天　　　今日心情 ☺ ☺ ☺ ☺ ☹

你有没有过因为别人的外表而对对方有误解，后来发现其实对方的内在和你想象的不一样？

你有没有见过外表和内在差别很大的人？

我们应不应该凭借外表去评判别人？

你觉得我们应该怎么避免因为外表而对别人产生误解？

第 236 天　　今日心情 ☺ ☺ ☺ ☻ ☹

你觉得穿着打扮能反映一个人的性格或者内心吗？

你觉得一个人的穿着打扮能透露出关于他（或她）的什么信息？

你会通过穿着来表达自己的心情或者性格吗？

你有没有特别注重穿着打扮，想要给别人留下深刻印象的时候？

第 237 天　　今日心情 ☺ ☺ ☺ ☻ ☹

当你穿上最喜欢的衣服时，你感觉怎么样？

你最喜欢哪件衣服？

你喜欢在什么时候或者什么场合穿这件衣服？

穿上这件衣服的时候，你感觉自己有什么变化吗？

第 238 天

如果你可以选择一个名人作为榜样，你会选择谁？

越聊越开心·

你选择他做榜样，是因为他的外表，还是因为他的内在品质？

你觉得从名人身上，我们能学到哪些东西？

想要成为一个优秀的人，应该更注重外表还是内在？

第 239 天

你觉得勇敢是一种感觉，还是通过行为表现出来的？

越聊越开心·

什么样的行为可以称得上勇敢？

能不能举个例子，说说你或者你身边的人，什么时候表现出了勇敢？

你觉得勇敢的人通常会有哪些特点或者行为表现呢？

你喜欢和某个小朋友玩，是因为他（或她）长得好看吗？

越聊越开心

你喜欢和什么样的小朋友一起玩？

你和其他小朋友一起玩的时候，最看重什么？

你喜欢和有知识、懂得多的小朋友一起玩吗？

第 241 天

今日心情 😀 ☺ ☺ 😐 ☹

你喜欢帮助别人吗？当你帮助别人时，心情如何？

越聊越开心·

当你帮助别人的时候，你觉得自己脸上会有什么表情呢？

你喜欢帮助别人吗？为什么？

有没有哪个瞬间，你帮助别人后，感觉自己特别幸福和充实？

第 242 天

今日心情 😀 ☺ ☺ 😐 ☹

你觉得人们第一眼通常会注意一个人的什么？

越聊越开心·

外表更容易被直接看到，而内在需要时间去了解。

外表虽然重要，但你觉得，好看的外表能不能长久地对他人产生吸引力？

通常我们一开始被一个人的外表吸引，但后来发现其实内在更吸引人。

第 243 天

今日心情 ☺ ☺ ☺ ☺ ☹

你认为有没有什么事，靠外表做不到，但靠内在可以做到的？

靠外表能不能获得别人的信任和尊重？

靠外表能不能解决生活中遇到的困难？

外表可能会随着时间和环境的变化而改变，但内在却能伴随我们一生。

17 锻炼逻辑思维

今日心情 ☺ ☺ ☺ ☺ ☹

周末去露营，用你聪明的大脑为大家安排一下各自要做的事吧。

爸爸力气大，搭帐篷的重活儿交给爸爸！

我力气小，可以给爸爸打下手。

越聊越开心

应该先搭帐篷还是先准备食物？

重物应该安排谁来搬？说说这么安排的原因。

准备两个适合露营时玩的小游戏吧。

第 245 天

今日心情 ☺ ☺ ☺ ☺ ☹

当你从外面回到家中时，应该先做什么？后做什么？

越聊越开心·

说说回家要先换鞋的原因。

你知道回家后书包要放在固定的地方的原因吗？

为什么回家后要洗手？

第 246 天

今日心情 ☺ ☺ ☺ ☺ ☹

晚上的太阳去了哪里？

越聊越开心·

友情提示：地球是圆的。

再次提示：地球围绕太阳转。

有没有一种可能，太阳被月亮抓走了。

第 247 天

用太阳、星星、月亮造几个句子吧。

越聊越开心

试试拟人化这些词语，比如太阳是老爷爷，月亮是小女孩。

想象一下它们说话时的声音，比如月亮的声音软软的。

赋予这些词语不同的性格，比如活泼的太阳，胆小的星星。

第 248 天

睡觉前要做哪几件事？

越聊越开心

你知道什么叫"今日事，今日毕"吗？

要不要准备好第二天上学要用的东西？

上床前要洗澡，养成讲卫生的好习惯。

先有鸡还是先有蛋？

越聊越开心·

没有鸡哪来的蛋？

没有蛋哪来的鸡？

你觉得先有鸡还是先有蛋呢？说说你的理由。

东西丢了，该从哪里找起？

回忆东西最后一次出现的地方。

回忆都有谁拿过这个东西。

想一下谁有可能知道它在哪里。

第 251 天

今日心情 ☺ ☺ ☺ ☺ ☹

早上起床后先做什么后做什么？

越聊越开心·

先穿好衣服，再洗脸刷牙。

先吃早餐，再准备好出门的用品。

出门前确认有没有忘拿东西。

第 252 天

今日心情 ☺ ☺ ☺ ☺ ☹

周末去踢球，应做哪些准备？

是不是应该提前看天气预报？

检查足球有没有漏气。

检查球鞋有没有问题。

第 253 天　　今日心情 ☺ ☺ ☺ ☺ ☹

要出远门了，离家之前需要做什么？

说说出门关水电的原因。

厨房的电闸要不要关？

为什么要关好窗户？

第 254 天　　今日心情 ☺ ☺ ☺ ☺ ☹

怎么把大象放进冰箱？

造一个比大象更大的冰箱。

找一头刚出生的小象。

将玩具大象放进冰箱。

第 255 天

今日心情 ☺ ☺ ☺ ☺ ☹

路边捡到了手机，要怎么归还给失主？

越聊越开心·

等等看有没有人来找手机。

交给路上的警察叔叔。

注意接听手机主人打来的电话。

第 256 天

今日心情 ☺ ☺ ☺ ☺ ☹

猜猜侦探看到你后说你去过医院，是因为什么？

越聊越开心·

你身上有药水的味道。

你手上有打针的痕迹。

你口袋里装着一张医疗诊断单。

第 257 天

今日心情 ☺ ☺ ☺ ☺ ☹

铅笔除了能写字还能做什么?

露营时可以用铅笔木屑当引燃物。

可以用来拼图。

可以给自己量身高。

第 258 天

今日心情 ☺ ☺ ☺ ☺ ☹

明天去公园,怎么去?

爸爸开车,但他不知道走哪条路,怎么办?

遇上堵车的情况怎么办?

公园里没有停车的地方怎么办?

18 进行天赋挖掘

第 259 天　　　今日心情 ☺ ☺ ☺ ☺ ☹

你做什么事最快乐？

你对正在做的事情的哪个部分最感兴趣？

为什么这个部分让你感到快乐？

你想一直做这个事情吗？

第 260 天　　　今日心情 ☺ ☺ ☺ ☺ ☹

说说你周末最想做的事。

跟爸爸妈妈去郊游。

去小池塘捞小鱼。

在家看动画片。

你的梦想是什么？

越聊越开心

当探索宇宙的宇航员。

做一个艺术家。

无论做什么，自己快乐就好。

第 262 天

今日心情 ☺ ☺ ☺ ☺ ☹

你做什么事情最专注？

需要很细心才能做好的事情，比如……

长辈要求做的事情。

和朋友们一起时做的事情。

第 263 天

今日心情 ☺ ☺ ☺ ☺ ☹

你心里的榜样是谁？

身边的某个小伙伴。

家里的某个长辈。

电视上看到的人物。

说说爸爸的优点。

越聊越开心·

爸爸很乐观，面对困难永不服输。

爸爸很有责任心。

爸爸很有耐心。

第 265 天

妈妈身上有什么优点呢？

越聊越开心·

妈妈对家人的爱是无条件的。

妈妈会做很多好吃的食物。

妈妈擅长给家人买合身又好看的衣服。

第 266 天

如果你能够拥有某种动物的一项能力，你希望这项能力是什么？

越聊越开心·

像鸟一样会飞。

像马一样站着睡觉。

像骆驼一样不怕饥渴。

你觉得什么东西需要被发明出来？

我要发明一种书，不用看就能把知识传输进脑袋里。

那可太好了，到时候我也能变成学富五车的人啦！

越聊越开心

人一吃就心情变好的美食。

住一天就能返老还童的神奇房子。

可以将知识输入大脑的电子产品。

第 268 天　　　　今日心情 ☺ ☺ ☺ ☺ ☹

你想成为运动员吗？

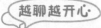

怎么做才能投篮更准？

你知道跑得更快的诀窍吗？

你最擅长什么体育运动？

第 269 天　　　　今日心情 ☺ ☺ ☺ ☺ ☹

给你一天时间用来画画，你愿意吗？

你想画点什么？

你更喜欢画动物还是更喜欢画植物？

你最爱的颜色是什么颜色？

第 270 天

今日心情 ☺ ☺ ☺ ☺ ☹

假如你是一名作家，你想写什么？

给小孩子看的童话故事。

给大人看的侦探故事。

给未来的人类看的历史故事。

第 271 天

今日心情 ☺ ☺ ☺ ☺ ☹

明天不论做什么都能成功，你会怎么做？

获得你梦寐以求的某样东西。

完成你一直想达成的某个目标。

拥有一个与众不同的技能。

第 272 天

今日心情 ☺ ☺ ☺ ☺ ☹

你喜欢独自做事还是与他人合作?

说说你喜欢独自做事的原因。

你觉得哪些事情适合独自完成? 哪些事情适合合作完成?

你喜欢与人合作的原因是什么?

第 273 天

今日心情 ☺ ☺ ☺ ☺ ☹

你理想中的自己是什么样子的?

每天只要做自己想做的事情就可以了。

学什么都能很快学会。

和某部电视剧里的人物一样厉害。

19 学会解决冲突

第 274 天

今日心情 ☺ ☺ ☺ ☺ ☹

如果有人抢你的玩具，你会怎么办？

越聊越开心

制定玩玩具的规则，让对方遵守。

想办法保护好玩具和自身安全。

向大人求助。

第 275 天

今日心情 ☺ ☺ ☺ ☺ ☹

如果朋友生你的气，你会怎么办？

越聊越开心

向朋友解释清楚你不是有意惹对方生气的。

带点好吃的哄哄朋友。

虚心接受批评，如果是自己犯了错就向朋友道歉。

如果与其他人起了争执，你会怎么办？

越聊越开心

冷静五分钟再和对方说话。

先做点别的事情转移一下注意力。

耐心和对方讲道理。

第 277 天

如果有人惹你生气了，你会怎么办?

告诉对方你生气的原因。

指出对方不对的地方，要求对方道歉。

反思一下是不是自己的问题。

第 278 天

如果有人说你坏话，你会怎么办?

想办法制止对方。

向其他人解释清楚对方说的不对。

尽量不要和说你坏话的人接触。

第 279 天

如果别人泄露了你的秘密，你会怎么办？

越聊越开心·

下次不要将你的秘密告诉对方。

制止对方向更多的人透露你的秘密。

秘密要讲给信得过的人听。

第 280 天

如果爸爸妈妈骂你了，你会怎么办？

越聊越开心·

暂时与他们分开，让大家冷静一下。

搞清楚他们骂我的原因，分析一下是谁的错。

告诉他们无论如何不能骂人。

如果别人捡了你的东西不想还给你，你会怎么办？

越聊越开心

告诉对方不还东西是犯法的。

找大人帮忙。

找警察叔叔帮忙。

第 282 天

今日心情 ☺ ☺ ☺ ☺ ☹

如果在外面吃饭时发现菜里有苍蝇，你会怎么办？

要求店家更换菜品。

要求店家进行赔偿。

要求店家把关好食品的安全与卫生。

第 283 天

今日心情 ☺ ☺ ☺ ☺ ☹

如果有人诬蔑你偷东西，你会怎么办？

越聊越开心

拿出自己不在场的证据反驳对方。

要求对方用证据说话。

解释清楚自己不需要这种东西。

第 284 天

今日心情 ☺ ☺ ☺ ☺ ☹

如果别人不小心踩到了你的脚，你会怎么办？

既然是无意的，那就原谅对方。

踩回去的话可能会引发更大的冲突。

如果脚和鞋子都没事，可以不与对方计较。

第 285 天

今日心情 ☺ ☺ ☺ ☺ ☹

你和爸爸都喜欢吃牛肉，但只剩下一块牛肉……

让给工作辛苦的爸爸吃。

和爸爸各分一半。

石头剪刀布，谁赢了谁吃。

第 286 天　　　今日心情 😆 😊 🙂 😐 ☹️

如果你想买玩具，但妈妈不同意……

完成妈妈的一个要求，换取玩具。

向妈妈讲明你为什么一定要买这个玩具。

理解妈妈，下次再买。

第 287 天　　　今日心情 😆 😊 🙂 😐 ☹️

当你和别人的意见不一致时，你会怎么办？

越聊越开心·

思考一下对方的意见，如果没错，可以顺着对方。

试着找一些可以说服对方的理由。

坚持自己的意见，但需要承担惹恼对方的后果。

今日心情 ☺ ☺ ☺ ☺ ☹

如果他人威胁你，你应该怎么做？

越聊越开心

避开对方，不和对方争执。

威胁回去，但你可能会受到伤害。

解释清楚矛盾，安抚对方的情绪。

20 知之与不知

第 289 天

今日心情 ☺ ☺ ☺ ☺ ☹

你知道大海为什么会涨潮吗?

月球的引力导致潮汐。

月球靠近地球,涨潮。

月球远离地球,落潮。

第 290 天

今日心情 ☺ ☺ ☺ ☺ ☹

为什么妈妈要涂防晒乳霜呢?

阳光中有一种紫外线会伤害皮肤。

不保护皮肤的话,皮肤会老化。

紫外线还会导致皮肤出现一些病变。

太阳系里除了地球，你觉得哪个行星最适合人类生存？

离太阳不能太远，太远了冷，也不能太近，太近了热……

也不能没有大气层，没有大气层就无法阻挡各种有害的射线，还得有水。

越聊越开心·

火星，和地球环境最接近。

水星，距离太阳太近。

木星，距离太阳太远。

第 292 天

今日心情 ☺ ☺ ☺ ☺ ☹

一只手能不能捏碎鸡蛋？

越聊越开心·

能捏碎，鸡蛋很脆弱，但这是个错误的想法。

不能捏碎，因为鸡蛋会把压力分散到蛋壳的每一处。

说不如做，你可以拿个鸡蛋试一试。

第 293 天

今日心情 ☺ ☺ ☺ ☺ ☹

如果不知道却装作知道会怎么样？

越聊越开心·

假装知道的话，也许会被知道的人拆穿。

不知道就要承认不知道，不能为了面子说谎。

可以努力将不知道的知识学懂。

196

第 294 天

今日心情 ☺ ☺ ☺ ☺ ☹

为什么小朋友要换牙？

乳牙是小孩子才有的牙齿，适合小孩子吃东西。

恒牙是乳牙脱落后长出的牙齿，适合吃一些更坚硬的食物。

换牙时不要自己用手拔，可以让它自然脱落。

第 295 天

今日心情 ☺ ☺ ☺ ☺ ☹

小朋友为什么会尿床？

越聊越开心·

小时候神经发育不全，不能很好地控制膀胱。

睡前喝了太多水。

有些人尿床是因为遗传因素导致的。

今天学到了什么新知识?

越聊越开心

老师教了你什么?

身边的朋友教了你什么?

你自学了什么?

第 297 天

你知道秦始皇是谁吗?

他统一了中国。

他统一了度量衡。

秦兵马俑是他陵墓的一部分。

第 298 天

为什么每个人的指纹都不同?

越聊越开心·

指纹遗传自爸爸妈妈的基因,基因不同,指纹就不同。

小宝宝在妈妈肚子里的时候,指纹就形成了。

未成年人的指纹会随着年龄增长慢慢定型。

第 299 天　　　今日心情 ☺ ☺ ☺ ☺ ☹

为什么变色龙会变色？

变色龙通过皮肤来改变光的折射，从而变色。

变色龙为了安全，会用变色的方式将自己隐藏在环境中。

变色龙变色后可以迷惑猎物，方便捕获食物。

第 300 天　　　今日心情 ☺ ☺ ☺ ☺ ☹

为什么人掉进了海里却淹不死？

越聊越开心·

这是死海，人掉进去就会浮上来。

死海里有很多盐，导致海水密度大于人体密度。

你知道死海在哪吗？

今日心情 ☺ ☺ ☺ ☺ ☹

如果你是科学家，你会研究什么？

如果我是科学家，我要研究植物之间会不会说话。

要是它们真的有语言，那我以后炒菜会不会被它们骂？

越聊越开心·

研究能让自己快乐的东西。

研究能让人类长生不老的东西。

研究可以让人去往未来的时光机。

第 302 天

今日心情 ☺ ☺ ☺ ☺ ☹

剪指甲为什么不疼？

指甲里没有神经，所以不疼。

指甲是一种硬角质蛋白。

说说不剪指甲的坏处。

第 303 天

今日心情 ☺ ☺ ☺ ☺ ☹

宇航员在空间站里怎么喝水？

越聊越开心

太空中是失重环境，因为没有压强，所以水不会流入嘴巴里。

宇航员只能用特制的吸管喝水。

说说太空里还有哪些现象和地球上不同。

21 勇气与胆怯

第 304 天

今日心情 😃 😊 🙂 😐 ☹️

什么样子的人是勇敢的人？

勇敢的人除了敢于突破自我，还有哪些品质？

说说蛮干与勇敢的区别。

做事不考虑后果不是勇敢的体现。

第 305 天

今日心情 😃 😊 🙂 😐 ☹️

不敢一个人睡觉怎么办？

每个人都要学会长大，独自入睡也是勇敢的体现。

黑漆漆的卧室只是没有光，不代表有危险。

可以抱着自己心爱的玩具一起入睡。

第 306 天

今日心情 ☺ ☺ ☺ ☺ ☹

如果朋友被欺负了，你会怎么做？

越聊越开心·

要勇敢地站出来保护朋友。

杜绝霸凌，及时告诉家长和老师。

先想办法带朋友远离霸凌者。

第 307 天

今日心情 ☺ ☺ ☺ ☺ ☹

你敢一个人上学吗？

越聊越开心

说说你不敢独自上学的原因。

过马路要注意红绿灯和来往车辆。

上学路上不要理睬陌生人的诱惑。

第 308 天

今日心情 ☺ ☺ ☺ ☺ ☹

当你看到有人恶意捉弄别人时，你会怎么做？

越聊越开心

分清楚开玩笑和恶意捉弄的区别。

说说看你会怎么制止对方。

带领大家做一些正确的事。

第 309 天

今日心情 ☺ ☺ ☺ ☺ ☹

朋友们在爬树，还说你不爬就是胆小鬼……

越聊越开心·

爬树可能会摔伤身体，不爬树不代表胆小。

爬树是一种危险的行为。

看见别人爬树要及时制止。

第 310 天

今日心情 ☺ ☺ ☺ ☺ ☹

说说你在电视上看到的勇敢的人。

越聊越开心·

这个人是真实的人还是动画片里的人?

你觉得孙悟空勇敢吗?

你为什么觉得这个人很勇敢?

今日心情 ☺ ☺ ☺ ☺ ☹

如果危险的地方很吸引人，你会去看吗？

听说湖底有神秘的建筑，等爸爸去一探究竟。

再神秘的建筑也不能冒着生命危险去看。

越聊越开心

如果是正规的景点，可以在确保安全的前提下勇于探索。

如果是去野外探秘，可能会非常危险，此时退缩不代表不勇敢。

勇敢不是无意义的冒险。

第 312 天   今日心情 ☺☺☺☺☹

如果老师区别对待你和其他小朋友，你会怎么做？

说说你理解的"区别对待"。

你会怎么向老师提出抗议？

受到不公正的对待时要及时告诉爸爸妈妈。

第 313 天   今日心情 ☺☺☺☺☹

遇到水灾或者火灾舍身去救援算勇敢吗？

在自身安全的情况下可以去救援他人。

小朋友不要私自参与救援，以免影响救灾进度。

勇敢的前提是用正确的方式去救灾。

今日心情 😀 😊 🙂 😐 ☹️

敢在野外游泳算勇敢吗?

越聊越开心

游野泳不是勇敢,而是危险的行为。

要及时制止其他人游野泳。

水库、江河、湖边、溪流这些地方都不能私自游泳。

第 315 天

今日心情 ☺ ☺ ☺ ☺ ☹

说说你的勇敢时刻。

打针从来不怕。

摔痛了也不哭。

爸爸妈妈出去工作，你可以独自在家。

第 316 天

今日心情 ☺ ☺ ☺ ☺ ☹

你觉得什么是见义勇为的行为？

你觉得大人怎么做才叫见义勇为？

看到不法分子要勇于挺身而出。

看到不公对待要勇于制止和发声。

第 317 天

今日心情 ☺ ☺ ☺ ☺ ☹

家里谁最勇敢？为什么？

越聊越开心

妈妈勇敢吗？她做了哪些勇敢的事情？

爸爸勇敢吗？他做了哪些勇敢的事情？

在外维护犯错的家人算勇敢吗？

第 318 天

今日心情 ☺ ☺ ☺ ☺ ☹

遇到比自己强的人就胆怯怎么办？

越聊越开心

正确看待差距，你也有比对方强的地方。

学习对方强大的地方，努力追上对方。

任何时候都不要对他人盲目崇拜。

22 成功与失败

第 319 天

说说你理解的成功。

越聊越开心

很难的事情终于做成了。

没有辜负爸爸妈妈对你的期待。

按照自己喜欢的方式去过每一天。

第 320 天

龟兔赛跑的故事你听说过吗？

越聊越开心

乌龟虽然跑得慢，但一直坚持也能成功。

兔子跑得快，但因为大意反而落后于乌龟。

骄傲和大意是成功的敌人。

第 321 天

你会因为失败而嫉妒成功的人吗？

越聊越开心·

与其嫉妒，不如自己努力。

....

说说嫉妒会带给你什么坏处？

....

嫉妒是不是一种坏情绪？

....

第 322 天

一直做不好的事，你觉得放弃好还是坚持好？

越聊越开心·

再坚持一下，结果也许会不同。

....

不要在一件做不成的事情上钻牛角尖。

....

在无法达成的事情上要学会放弃。

....

第 323 天

今日心情 ☺ ☺ ☺ ☺ ☹

说说你最近做得最成功的事情。

比如你学会了什么新技能。

交到新朋友也算一件成功的事情。

克服某个困难算不算成功呢?

第 324 天

今日心情 ☺ ☺ ☺ ☺ ☹

说说你理解的失败。

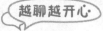

失败是成功之母。

只要肯努力,总会有成功的时候。

你的失败和别人有关系吗?

第 325 天

今日心情 ☺ ☺ ☺ ☺ ☹

你最近做得最失败的事情是哪件事？

越聊越开心

早睡早起的计划又失败了。

总是轻易推翻制订好的计划。

答应了别人的事情没有做到。

第 326 天

今日心情 ☺ ☺ ☺ ☺ ☹

成功就是赚很多的钱吗？

越聊越开心

成功不能被狭隘定义为赚钱，成功是多方面的。

每个人都可以定义成功，比如保持快乐也是一种成功。

你觉得赚钱是人生的唯一目的吗？

第 327 天

说说你明天想要做成功的一件事。

越聊越开心

比如打扫一下自己的房间。

比如整理一下自己的玩具。

有没有其他想做成功的事情呢?

第 328 天

今日心情 ☺ ☺ ☺ ☺ ☹

说说你能帮别人做成功的事情。

越聊越开心

爸爸心中的成功是什么? 你能帮他吗?

妈妈心中的成功是什么? 你能帮她吗?

你还知道谁有想要做成功的事情吗?

第 329 天　　　今日心情 ☺ ☺ ☺ ☺ ☹

总结一下你做事会失败的原因。

没有坚持到底。

想的和做的总是差很多。

没有倾尽全力去做。

第 330 天　　　今日心情 ☺ ☺ ☺ ☺ ☹

你知道容易成功的人都有哪些特质吗？

越聊越开心·

他们想问题是不是比别人更全面？

他们做事情是不是比别人更有条理？

也许他们的运气比其他人好。

第 331 天　　　今日心情 😀 😊 🙂 😐 ☹️

为什么有的人容易失败呢？

是不够努力吗？

是运气不够好吗？

自卑容易造成失败吗？

第 332 天　　　今日心情 😀 😊 🙂 😐 ☹️

怎样做能反败为胜呢？

请教那些已经成功的人，是不是一个好办法？

也许请教失败者能总结出一些经验，避免自己踩坑。

做事的时候最好多做准备，一条路走不通就换另一条路。

第 333 天

今日心情 😃 😊 🙂 😐 ☹️

你想象中成功的自己应该是什么样子的呢?

越聊越开心

成绩优秀、坚强勇敢,做出一番大事业。

乐于助人、分享快乐,过好当下的生活。

帮助家人实现他们的愿望。

第 334 天

今日心情 😃 😊 🙂 😐 ☹️

你觉得应该怎么面对失败?

越聊越开心

如果无法改变失败,就及时向前看。

失败一次不要紧,要紧的是下次要努力。

面对失败要有不服输的劲头,那么什么是不服输的劲头呢?

23
人与动物

第 335 天

今日心情

说说宠物狗对家人示好的方式。

对着家人摇尾巴。

贴近家人闻来闻去。

听家里人的话。

第 336 天

今日心情

动物园里的海豚是从哪里来的?

越聊越开心·

海豚喜欢表演吗?

海豚是住在大海开心呢,还是住在动物园开心呢?

海豚是不是离开了它的爸爸妈妈?

路上遇到可爱的狗可以上前摸它吗？

好可爱的狗狗，摸摸。

别摸，它脾气不好，会咬你的。

越聊越开心·

陌生的狗不要随便乱摸，因为你不知道它的脾气是好还是坏。

狗有领地意识，小心被咬。

摸之前可以先问问狗的主人。

第 338 天

海洋里最大的动物是什么？

越聊越开心·

蓝鲸，体长可达三十多米，体重可达一百多吨。

想象一下蓝鲸和生活中的什么东西大小最接近。

蓝鲸也是地球上最大的动物。

第 339 天

蝙蝠飞翔时靠什么躲避障碍物？

越聊越开心·

蝙蝠靠超声波规避飞行过程中的障碍物。

蝙蝠的体温比一般动物高。

蝙蝠可能携带多种病毒。

第 340 天

今日心情 ☺ ☺ ☺ ☹ ☹

看到流浪猫可以上前摸它吗？

越聊越开心

不可以，流浪猫也许会因为害怕而伤人。

被流浪猫挠破了皮肤可能会感染狂犬病毒。

不要靠近流浪猫，但是也不要伤害它们。

第 341 天

今日心情 ☺ ☺ ☺ ☹ ☹

长颈鹿的脖子为什么那么长？

越聊越开心

长颈鹿想要吃树叶，有长脖子才能吃得到。

长颈鹿的脖子长可以看得远，能尽早发现危险。

给长颈鹿织围脖是不是很费毛线？

如果要养一只宠物，你想养什么？

养宠物要对它们负责，不能弃养。

要定期给它们打疫苗。

要每天陪伴和喂养宠物。

第 343 天

今日心情 ☺ ☺ ☺ ☺ ☹

蚊子为什么要吸血？

蚊子吸血类似于我们人类吃饭。

只有雌性蚊子才会吸血。

雄性蚊子以花蜜和植物汁液为食。

第 344 天

今日心情 ☺ ☺ ☺ ☺ ☹

说说你最喜欢的动物。

你为什么喜欢这种动物？

这种动物有什么特点？

这种动物一般在哪里可以看到？

第 345 天

路边的小猫受伤了，你会怎么做？

越聊越开心

去找动物保护组织的电话，打电话让他们来帮助它。

在它被帮助之前，守在旁边避免它受到二次伤害。

对于受伤的小动物不要靠太近，以免受到它们的伤害。

第 346 天

你想变成什么动物？

越聊越开心

为什么你想变成这种动物呢？

说说看，你变成这种动物后会做什么？

你知道这种动物的天敌是什么吗？

如果小动物能回答问题，你会问什么？

越聊越开心

你想问家里的宠物什么问题？

你想不想知道麻雀在想什么？

你有什么想问金鱼的吗？

第 348 天

如果鳄鱼会说话，它会说什么？

越聊越开心

鳄鱼会说："我是冷血动物。"

鳄鱼也许会问："今天礼拜几？"

鳄鱼气呼呼地喊："好饿啊，快给我扔点大鱼大肉！"

第 349 天

如果你是发型师，你会给动物们做什么发型？

越聊越开心

给小狗剪个寸头，让它成为最帅的狗。

给黑猫染一身白毛，这样它就能假装自己是一只白猫。

给马编一条长辫子，这样它就不会被毛发挡住视线了。

第 350 天

今日心情 😀 🙂 🙂 😐 ☹️

你会伤害动物吗？

伤害小动物会造成什么影响？

说说看哪些是你觉得需要帮助的动物。

你觉得动物被伤害后，它的家人会不会伤心呢？

第 351 天

今日心情 😀 🙂 🙂 😐 ☹️

人类应该怎样和动物相处？

人类应该保护动物的栖息地。

人类应该帮助濒危的动物。

保护动物人人有责。

24 富有与贫穷

第 352 天　　　　今日心情 😀 🙂 🙂 😐 ☹

如果你有一百块钱，你想怎么花？

给爸爸买个礼物。

给妈妈买个礼物。

想想钱的来源，要懂得和家人分享财富。

第 353 天　　　　今日心情 😀 🙂 🙂 😐 ☹

你会一次性花光压岁钱吗？

越聊越开心

存钱是为了应急，压岁钱要留在关键的时候用。

花之前先咨询一下家里的大人，听听他们的意见。

可以适当奖励一下自己，拿出一部分压岁钱来用。

第 354 天

没有钱你会快乐吗?

越聊越开心

人的快乐和钱没有必然联系。

人的快乐应该建立在精神的富足之上。

太缺钱的确会让人不快乐。

第 355 天

如果工作只能赚到一点钱,你会怎么办?

越聊越开心

想办法提升自己的工作能力,努力升职加薪。

换个工作,换个更赚钱的行业。

如果是自己喜欢的工作,可以实现自我价值,也不失为一种收获。

你觉得金钱和幸福的关系是怎么样的?

越聊越开心

富有不一定就会幸福，幸福也不一定要建立在富有之上。

赚钱是为了幸福，不能为了赚钱而舍弃幸福。

幸福包括与家人、朋友的情感，自我实现等多方面，不单单靠财富衡量。

第 357 天

每天给你一粒米且每天增加一倍，或每天给你一斤金子，连续给六十四天，哪个更赚？

越聊越开心

友情提示，这其实是个数学题。

金子虽然比大米值钱，但如果大米是海量的，六十四斤金子就比不过了。

如果只给你二十天，给你的金子和大米哪个更值钱？

第 358 天

如果你可以开一家水果店，你想卖什么？

越聊越开心

如果卖香蕉的话可以从哪里进货？

你准备给店里的收银员支付多少工资？

水果卖不出去的话怎么办？

如果世界上没有了"钱"会怎么样？

越聊越开心

大家可能会回归到原始社会的以物易物的状态。

用一些东西替代钱，比如金子、银子，或者稀有的贝壳。

现有的货币会消失，但新的货币会再次出现。

第 360 天

今日心情 ☺ ☺ ☺ ☺ ☹

你觉得财富是怎么积累的？

越聊越开心

通过工作赚取薪酬积累。

通过投资积累，比如在房子等资产低价时买入，高价时卖出。

通过副业赚取，比如工作之余可以画画、写作、做手工等。

第 361 天

今日心情 ☺ ☺ ☺ ☺ ☹

因为意外而丧失了财富，你会怎么办？

越聊越开心

金钱是身外之物，没有了可以再赚。

不能因为失去了财富而一蹶不振。

不要把鸡蛋都放在一个篮子里，财富要用分散的方式来管理。

第 362 天　　今日心情 ☺ ☺ ☺ ☺ ☹

你觉得清贫的人生有价值吗？

越聊越开心·

人最重要的价值是找到自我生活的意义。

人的价值是多方面体现的，和家人相处幸福，也是一种人生价值。

说说清贫和富有各自的优点和缺点吧。

第 363 天　　今日心情 ☺ ☺ ☺ ☺ ☹

说说看什么是"开源节流"。

越聊越开心·

节约可以积攒一定的财富。

相对节约，拓宽赚取财富的渠道也许更为重要。

节约也要有度，太过了就会变成吝啬。

为什么富人不分钱给穷人？

越聊越开心

说说看，富人的钱是怎么赚来的？

穷人为什么很难赚到钱？

富人有义务分钱给穷人吗？

第 365 天

今日心情 ☺ ☺ ☺ ☺ ☹

说说你会的赚钱方式。

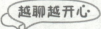

你会什么技能？能用来换取薪酬吗？

你有没有会做的东西？你觉得别人会不会来买你做的东西？

你觉得做什么赚钱最快？